NADOLIG YR HEN DEULU

NADOLIG YR HEN DEULU

Carolau Daniel Protheroe

Golygydd: Rhiain M. Phillips

Golygydd y Gerddoriaeth: Elain Wyn

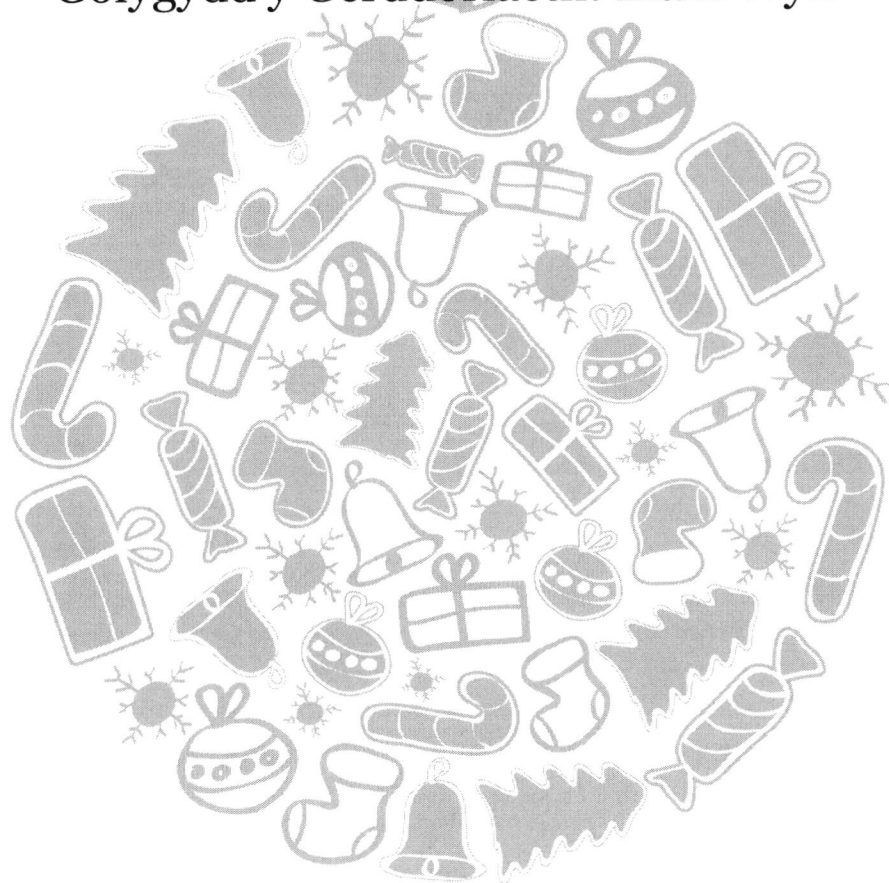

Argraffiad cyntaf: 2014

ⓗ teulu Dan Protheroe/Gwasg Carreg Gwalch

ⓗ geiriau Cymraeg: Rhiain Phillips/Gwasg Carreg Gwalch

ⓗ cysodi cerddoriaeth: Elain Wyn

Cyhoeddwyr: Gwasg Carreg Gwalch

Rhif rhyngwladol: 978-1-84527-488-7

Mae'r cyhoeddwyr yn cydnabod cefnogaeth ariannol
Cyngor Llyfrau Cymru

Cynllun clawr: Eleri Owen

Diolch i Hannah Gruffydd, Ystradgynlais am ei charedigrwydd wrth ganiatau
i'r wasg sganio lluniau'r teulu.

Cyhoeddwyd ac argraffwyd gan Wasg Carreg Gwalch,
12 Iard yr Orsaf, Llanrwst, Conwy, LL26 0EH.
Ffôn: 01492 642031 Ffacs: 01492 641502
e-bost: llyfrau@carreg-gwalch.com
lle ar y we: www.carreg-gwalch.com

NODYN AM Y GERDDORIAETH

Mae'r gerddoriaeth yn ymddangos fel ag y mae yn y llawysgrifau gwreiddiol.

CYNNWYS

Noson oer a'r sêr yn wyn

Andante cantabile

No - son oer___ a'r sêr yn wyn   Mhell,___ bell yn ôl,___

Cân y nef___ yn glir fan hyn   Mhell,___ bell yn ôl___

Ha - le - liw - ia! Ha - le - liw - ia! Ha - le - liw - ia! A - men.

NOSON OER A'R SÊR YN WYN

Noson oer a'r sêr yn wyn
Mhell, bell yn ôl,
Cân y nef yn glir fan hyn
Mhell, bell yn ôl

    Haleliwia!
    Haleliwia! Haleliwia! Amen.

Côr angylion eto'n dod
Mhell, bell yn ôl,
Uwch y maes i seinio clod
Mhell, bell yn ôl.

Doethion a bugeiliaid fu
Mhell, bell yn ôl,
Yn addoli'r Baban cu
Mhell, bell yn ôl.

Sêr y byd

Sêr y byd ddis - glei - riant Yn eu gwên mae
car - iad cu, Mae'n holl o - baith___ yn - ddynt,
Daeth ein___ Ceid - wad o - ddi fry.

SÊR Y BYD

Sêr y byd ddisgleiriant
Yn eu gwên mae cariad cu,
Mae'n holl obaith ynddynt,
Daeth ein Ceidwad oddi fry.

Seren gŵyl Nadolig,
Llenwa'n byd â'th hedd a'th swyn,
Gwna ni'n fendigedig
Fel y Mab sydd er ein mwyn.

Carol ddedwydd

Dis-taw'r nos a gwyn yw'r sêr, Ac fe gly - wir ca - nu pêr

Uwch y maes ym Meth - l'em dre', Gan gy - hoe - ddi gair y ne'.

Ca - rol ded-wydd dydd Na - do - lig Glo-ri - a! Glo-ri - a! A - men.

CAROL DDEDWYDD

Distaw'r nos a gwyn yw'r sêr,
Ac fe glywir canu pêr
Uwch y maes ym Methl'em dre',
Gan gyhoeddi gair y ne'.

    Carol ddedwydd dydd Nadolig
    Gloria! Gloria!
    Amen.

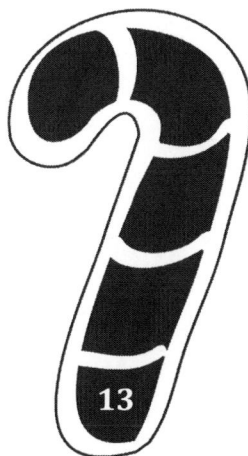

Molwn fyth y gobaith glân
Sydd yn olau yn y gân:
Golau cadarn Ceidwad byd
Heno'n ddisglair uwch y crud.

    Carol ddedwydd dydd Nadolig
    Gloria! Gloria!
    Amen.

Daw angylion

Daw a - ngyl - ion, lli - aws claer, Uwch cor - lan - nau'r ŵyn

Cân a - ngyl - ion ty - ner, taer Gy - da'r go - lau mwyn.

"Gan - wyd Crist y bo - re hwn Yn y lle - ty'n iach,

Mae lla - we - nydd cre - ad crwn Yn y Bre - nin bach."

DAW ANGYLION

Daw angylion, lliaws claer,
Uwch corlannau'r ŵyn
Cân angylion tyner, taer
Gyda'r golau mwyn.

"Ganwyd Crist y bore hwn
Yn y llety'n iach,
Mae llawenydd cread crwn
Yn y Brenin bach."

Down o'r Dwyrain at y crud
Lle mae'r preseb glân,
Cwsg mewn hedd, Waredwr byd,
Canwn ninnau'r gân,

"Ganwyd Crist y bore hwn
Yn y llety'n iach,
Mae llawenydd cread crwn
Yn y Brenin bach."

15

Bryniau Canaan

Moderato

Mae go-leu-ni ar foe-lydd Ca-naan: Y se - ren loy-wa'r lle; Mae 'na

gân ar___ fryn-iau Ca-naan: Lleis-iau lla - wen_ côr y ne.

Giubilante

Mol-iant i Dduw cân a - ngyl - ion,___ Mol-iant a hedd_ i'n byd,___

molto rit.

I'r___ holl ddae-ar, ew - yll - ys da: Mae Duw_ yn ddyn_ mewn crud.   crud.

BRYNIAU CANAAN

Mae goleuni ar foelydd Canaan:
Y seren loywa'r lle;
Mae 'na gân ar fryniau Canaan:
Lleisiau llawen côr y ne.
   "Moliant i Dduw," cân angylion,
   "Moliant a hedd i'n byd,
   I'r holl ddaear, ewyllys da:
   Mae Duw yn ddyn mewn crud.

Mae 'na faban yn llety'r stabal
Mae'n fab i frenin ne',
Mae 'na gân yn dod o'r bryniau:
Ac mae'n llenwi Bethl'em dre.
   "Moliant i Dduw," cân angylion,
   "Moliant a hedd i'n byd,
   I'r holl ddaear, ewyllys da:
   Mae Duw yn ddyn mewn crud.

Cyfarchiad Nadolig

Grazioso

Go - lau'r sêr, a'r nos yn troi At__ y bo - re gwyn__

Ba - ban bych - an we - di'i roi'n Dry - sor yn fan hyn;__

mf Bydd ein llwy - brau yn y byd__ E - to'n troi__ at o - lau'r crud;

rit. Dy - ma gyt - gan fawr__ ein côr:__ Crist yr Iôr.__

CYFARCHIAD NADOLIG

Golau'r sêr, a'r nos yn troi
At y bore gwyn
Baban bychan wedi'i roi'n
Drysor yn fan hyn;
Bydd ein llwybrau yn y byd
Eto'n troi at olau'r crud;
Dyma gytgan fawr ein côr:
Crist yr Iôr.

Bore gwyn pan gilia'r nos
Dan y golau mwyn,
Mae bugeiliaid llwybrau'r rhos
Yma gyda'r ŵyn;
Cân angylion uwch y tir
Eto'n cario'r neges glir,
Dyma gytgan fawr ein côr:
Crist yr Iôr.

Gwawr Nadolig

Nos e - to'n ci - lio Bo - re yn gwaw - rio,

Gan - wyd yr Ie - su ym Meth - l'em dref;

Llon yw'r a - ngyl - ion, Down ag an - rheg - ion:

Mawl a go - go - niant___ i - ddo___ Ef.

GWAWR NADOLIG

Nos eto'n cilio
Bore yn gwawrio,
Ganwyd yr Iesu ym Methl'em dref;
Llon yw'r angylion,
Down ag anrhegion:
Mawl a gogoniant iddo Ef.

Croeso i'r Baban,
Croeso i'r bore,
Canwn o gylch preseb plentyn Mair
Hedd sy'n y stabal,
Breichiau a gofal,
Gwynfyd yn olau yn y gwair.

Croeso i'n Brenin

Moderato con moto

Croe - so rown i Fren - in nef,
Llaw - en fo - re!

Daw â char - iad gy - dag Ef,
Llaw - en fo - re!

molto cresc.
Gwir yw gei-riau'r proff-wyd gynt: Awn, add-ol - wn ar ein hynt
molto cresc.

f
Bre - nin nef ym Meth-l'em dref, Llaw - en___ fo - re!
f

22

CROESO I'N BRENIN

Croeso rown i Frenin nef, Llawen fore!
Daw â chariad gydag Ef, Llawen fore!
Gwir yw geiriau'r proffwyd gynt:
Awn, addolwn ar ein hynt
Brenin nef ym Methl'em dref, Llawen fore!

Crist y Brenin bythol wyrdd, Llawen fore!
Dyma obaith oesau fyrdd, Llawen fore!
Gyda'r doethion, down i'w ŵydd,
Rhannu rhoddion wnawn yn rhwydd,
Brenin nef yn cael pen-blwydd, Llawen fore!

Bore Nadolig

Cantabile

Ar ddydd Na - do - lig, ne - ges ddaeth I

fey - sydd gwlad Jiw - de - a. Yn gân uwch cân,___ yn

ne - ges glir Yn nu - dew'r nos am wyn - fa.

BORE NADOLIG

Ar ddydd Nadolig, neges ddaeth
I feysydd gwlad Jiwdea.
Yn gân uwch cân, yn neges glir
Yn nudew'r nos am wynfa.

Cans ganwyd Crist, mae'n ddydd o fri,
Y preseb oedd ei wely,
Ac yn ei wyneb, gwelsom ni
Oleuni bore'r teulu.

A chanwn felly gân o glod
I'r baban yn y stabal
A chyda'r llu angylion glân
Diolchwn heb ymatal.

Blentyn bychan, brenin nef

Andante con moto

Blen - tyn by - chan, bre - nin nef,
Ha - le - liw - ia.

Mol - iant ro - ddwn i - ddo ef,
Ha - le - liw - ia.

Wy - neb if - anc, go - baith byd,
Ha - le - liw - ia.

At - eb gwe - ddi yn ei grud,
Ha - le - liw - ia.

BLENTYN BYCHAN, BRENIN NEF

Blentyn bychan, brenin nef, Haleliwia.
Moliant roddwn iddo ef, Haleliwia.
Wyneb ifanc, gobaith byd, Haleliwia.
Ateb gweddi yn ei grud, Haleliwia.

Isel ydyw bref yr ych, Haleliwia.
Yna daw'r goleuni gwych, Haleliwia.
Mae'n tywynnu arnom ni, Haleliwia,
Ac yn llenwi 'nghalon i, Haleliwia.

Brenin ydoedd yn y crud, Haleliwia.
Rhannodd ei anrhegion drud, Haleliwia.
Ac wrth wellt y preseb glân, Haleliwia,
Tangnefeddus yw ein cân, Haleliwia.

Baban

O dan gys - god gor-sedd gras___ Er by - gy - thiad Her - od__ gas

Cawn gyd-ger - ddedd gy - da Duw A chael dys - gu'r ffordd i___ fyw.

BABAN

O dan gysgod gorsedd gras
Er bygythiad Herod gas
Cawn gyd-gerdded gyda Duw
A chael dysgu'r ffordd i fyw.

Ti dy Hunan, Iesu mawr
Yw fy noddfa ar y llawr
Ni ddaw fyth, ni fu erioed
Dy gyffelyb is y rhod.

Bore gwych Nadolig yw

Moderato

Bo - re gwych Na - do - lig yw: Yn y sta - bal mae mab Duw,

Côr y nef yn ddis - glair lu: Cân am e - ni'r Ceid-wad cu.

Ha - le - liw - ia! Ha - le - liw - ia! Ha - le - liw - ia! A - men.

30

BORE GWYCH NADOLIG YW

Bore gwych Nadolig yw:
Yn y stabal mae mab Duw,
Côr y nef yn ddisglair lu:
Cân am eni'r Ceidwad cu.

Haleliwia! Haleliwia! Haleliwia! Amen.

Bore gwych Nadolig gwyn
Neges angel sydd fan hyn,
Canu'r nef ar ddaear lawr:
Hedd yn enw'r Iesu mawr.

Haleliwia! Haleliwia! Haleliwia! Amen.

Gair gan y Golygydd

Pan fydd eich pen-blwydd nesa chi'n dweud eich bod chi wedi byw ers 84 o flynyddoedd, mae'r amser pan oeddech chi'n 'hogan bach' ymhell bell yn ôl yn niwl y ganrif ddiwethaf! Mae hynny'n gyrru ias o ddychryn i lawr fy asgwrn cefn! Ond y peth rhyfedd ydi eich bod chi, wrth fynd yn hen, yn cofio dyddiau cynnar eich bywyd yn glir iawn. Dyna, wrth gwrs, pam ei bod hi mor bwysig i blant lenwi eu hamser gyda phrofiadau fydd yn rhoi atgofion pleserus iddyn nhw yn nes ymlaen.

Rwy'n cofio'n dda bod yn festri Capel Rhiw, Blaenau Ffestiniog tua chwech oed, yn dysgu caneuon rhyw ddyn o'r enw Daniel Protheroe i eiriau Nantlais. Roedd 'Blodau'r Iesu' yn ffefryn. Wedyn, wrth briodi un oedd wedi'i fagu yn sŵn corau meibion, dyma'i enw'n dod i'n teulu eto, ynghyd â theitlau fel 'Castilla', 'Nidaros', a 'Milwyr y Groes'. Byddai ein plant ni wedyn yn dod adre o'r ysgol yn canu am 'yr haul tu ôl i'r dorth', 'y lili wen fach' ac 'yn mynd drot, drot' pan oeddem ni'n cychwyn i rywle. Dyma, erbyn deall, rai o ganeuon plant poblogaidd Daniel Protheroe.

Roedd ein plant wedi hen adael cartref pan ddaeth gwyddonydd o'r America i drafod cywaith gyda fy ngŵr yn yr Athrofa yng Nglannau Dyfrdwy. Daeth â'i wraig o dras Cymreig gydag ef a chefais innau'r pleser o fynd â hi i weld gogonianau gogledd Cymru. Wrth gyrraedd y coleg yn ôl ar ddiwedd y p'nawn, dyma hi'n rhyw led ddweud y byddai brawd yng nghyfraith ei nain yn arfer cyfansoddi darnau ar gyfer corau meibion. Ei enw? Daniel Protheroooooooooooooe! Bu bron imi syrthio o'r bws mini.

Bu Jane Thomas mor garedig â danfon llungopiau i mi o'r carolau yr arferai Dr Protheroe eu cyfansoddi fel cardiau Nadolig i'w deulu. Roedd casgliad ei nain bron yn ddi-dor o 1907 hyd 1933. Organydd oedd y Dr erbyn hyn, a ficer ei eglwys fyddai'n cyfansoddi'r geiriau tymhorol.

Cododd hyn ein chwilfrydedd yn y stori ramantus a gwneud inni feddwl y byddai eraill yn mwynhau cofio ac adnabod y Cymro dawnus fu'n ennill ei fywoliaeth ymhell o'i wlad enedigol.

Fe'i ganwyd yn fab i Daniel ac

Eleanor Protheroe (Mam Daniel).
Mae'n debyg mai Dan gomisiynnodd yr arlunydd
i beintio'r llun.

Dan yn y canol yn y cefn gyda'i chwaer a'i gefndryd a'i gyfnitherod.

Elinor yn 1866, dau a oedd yn aelodau o gôr mawr enwog Ystradgynlais. Yng nghyfnod y 1870au a'r 1880au, roedd bri mawr ar y gymanfa a chorau yn yr ardal. Cafodd y cerddor ifanc foddhad a phrofiad anghyffredin yn yr awyrgylch honno.

Gan fod yr Archesgob Rowan Williams yn hannu o'r un cyff, mae'r Parch. Cynwil Williams yn ei lyfr arno yn talu cryn sylw i'r ffaith bod gwreiddiau'r ddau yn hannu o deulu lluosog Bryn y Groes – 'Y Wythïen Fawr', fel yr adnabyddir nhw yn lleol: Elinor, mam i bymtheg o blant, oedd diddordeb pennaf yr Archesgob, ond ei chwaer Ann, a briododd Daniel Protheroe, hithau'n fam i bymtheg o blant, oedd nain ein Daniel Protheroe ni. Cafodd chwaer arall un ar bymtheg o blant, felly dim rhyfedd bod yna wythïen fawr wedi'i hagor!

Bu farw'r tad pan oedd Daniel yn saith oed gan adael ei fam i fagu pump o blant. Ond fe'i cadwyd yn yr un cefndir capelgar, cerddorol gan ei ewythr Thomas, prif flaenor capel Cwmgïedd, lle'r eisteddai'r llanc yn y Sêt Fawr gyda'r blaenoriaid. Dangosodd ei ddawn gerddorol yn gynnar pan enillodd wobr fel unawdydd yn yr Eisteddfod Genedlaethol ym Merthyr Tudful ym 1881. Erbyn 1885 roedd yn arwain côr ac yn ennill £25 drwy ganu *Worthy is the Lamb*. Roedd rhai o'r hen lawiau'n anfodlon i ganu o dan faton llanc deunaw oed, ond daeth y wobr honno â chyhoeddusrwydd ffafriol iddo. Aelodau o'r un teulu oedd Emlyn Morgan, fu'n arweinydd Côr Meibion Ystradgynlais, Meuryn Thomas, arweinydd côr Meibion y Gyrlais ac Elfed Morgan, Trefnydd Cerdd

Dan (chwith yn y cefn) a chyfeillion yn dychwelyd o Steddfod Seattle – yn ôl yr hanes, cyfarfu â phobl o Gwm Tawe a Chwm Twrch yno.

Gaerfyrddin. Tybia'r Parch. Cynwil Williams mai Daniel Protheroe yw'r enwocaf efallai, ymhlith nifer fawr o gerddorion y tylwyth.

Ar argymhelliad gwraig ei gefnder o Scranton, aeth Daniel Protheroe o Lerpwl i Efrog Newydd yn llanc 19 oed. Cafodd beth llwyddiant yn ffurfio côr a cherddorfa a daeth yn ddinesydd Americanaidd yn 1891. Llwybr eithaf tebyg oedd un ei wraig, Hannah, a aeth yno yn dri mis oed gyda'i theulu o New Tredegar. Crwydrodd Dan yma ac acw yn America cyn ymgartrefu yn Chicago. Bu'n arweinydd côr Eglwys y Bedyddwyr ym Milawake ac yna'n Gyfarwyddwr Cerdd ac Organydd yn Eglwys Ganolog, Chicago.

Yn Scranton, fe ddilynodd gyrsiau i hyfforddi yn broffesiynol. Cafodd athrawon adnabyddus yn eu

cylch bryd hynny, a thrwy'r gwaith yma, yn 1890, enillodd radd Baglor mewn Cerddoriaeth ym Mhrifysgol Toronto, a Doethuriaeth yn ddiweddarach. Tybed a wyddai Côr Meibion Toronto am y cysylltiad wrth gynnwys 'Nidaros' yn rhaglen y cyngerdd a gafwyd ganddynt yn 2009. Mae mwy na mil o'i gyfansoddiadau wedi'u cofrestru yn yr Unol Daleithiau ond llawer llai na hynny sydd wedi croesi'n ôl i Gymru. Dywed rhai beirniaid iddo gyfansoddi gormod, tra bod eraill yn cyfeirio at 'felodïau melys a disgrifiadol' a 'chyfansoddi barddonol'. Mae'r Dr Rhidian Griffith yn datgan mai o'r enaid yr oedd yn cyfansoddi, gan ddilyn yr awen.

Roedd bob amser yn dderbyniol iawn – 'poblogaidd,' 'clên' a 'dymunol', yw'r disgrifiadau ohono. Roedd yn gymeriad llawn digrifwch ac un atgof teuluaidd hoffus yw ei fod wedi cerdded o amgylch y llofft gyda'i fab newydd anedig yn canu *Danny boy* iddo. Cawsant dri o blant ac roedd y ferch Helen yn gantores dda. Roedd Jane Thomas yn ei chofio'n canu ym mhriodas ei chwaer flynyddoedd yn ôl. Mae Mrs Hannah Griffiths, un o'r teulu, yn cofio am ei thaid yn sôn amdano'n dod i Gymru pob haf ac yntau yn mynd o gwmpas gydag ef i'w gyhoeddiadau yn arwain a beirniadu. Ond trist oedd clywed i'r taid ddod yn ôl o'r teithiau yn dweud na welodd cymaint o genfigen at neb. Efallai bod yr hen air am ddiffyg anrhydedd i broffwyd yn ei wlad ei hun yn wir iawn ac na chafodd Dr Daniel Protheroe glod dyladwy yng Nghymru. Mae Mrs Griffiths fodd bynnag yn cadw'r edmygedd teuluol ohono'n fyw gyda chasgliad o luniau ohono ar fur ei hystafell yn ei chartref yn Ystradgynlais.

Dim ond un o'r carolau sy'n cario unrhyw air o Gymraeg, er bod ei ymlyniad at yr iaith wedi bod yn gadarn yn ôl yr hanes. Ychwanegodd bennill yn Gymraeg at gerdyn 1924 yn ei lawysgrifen, ac o gofio cefndir crefyddol, teyrngar ei deulu, a'i ymlyniad yntau at gapel a'r gwerthodd ynghlwm wrth ei fagwraeth, mae'n werth dyfynnu ei brofiad:

> Ti dy hunan, Iesu Mawr
> Yw fy noddfa ar y llawr;
> Ni ddaw fyth, ni fu erioed
> Dy gyffelyb is y rhod.

Ein gobaith yw y bydd y casgliad bach

Daniel Protheroe, Yncl Glyn (brawd Mam Hannah), a'i fab David Protheroe (tad-cu Hannah).

yma'n cyflwyno Dr Daniel Prothero i genhedlaeth newydd a gaiff yr un mwynhad â phlant pedwar ugain mlynedd yn ôl.

Rhiain M. Phillips

Daniel Protheroe
(1866–1934)

Bywgraffiad byr

Ganed Daniel Protheroe yn Ystradgynlais ym mhen uchaf Cwm Tawe ar 24 Tachwedd 1866. Cafodd ei feithrin yn nhraddodiadau corawl a cherddorol ei fro, lle'r oedd Cymdeithas Gorawl Ddirwestol Dyffryn Tawe wedi ffynnu am rai blynyddoedd ar ddechrau'r 1860au dan arweiniad William Griffiths, 'Ifander'. Yn y cyfnod hwn hefyd roedd cymanfaoedd canu yn dechrau dod yn boblogaidd, a chofiai Protheroe ei hun fod saith o wahanol gymanfaoedd i'w cael o fewn yr ardal ar ddydd Llun y Pasg yn unig. Canolid llawer o weithgarwch cerddorol ar y capel yng Nghwmgïedd (lle ceir cofeb i Protheroe), a dechreuodd Protheroe ganu yn ifanc, ac ennill gwobr am ganu yn yr Eisteddfod Genedlaethol yn 1881, a phedair blynedd yn ddiweddarach arweiniodd gôr o Ystradgynlais i fuddugoliaeth yn eisteddfod Llandeilo. Cafodd ei brentisio'n deiliwr, ond clywodd am y posibiliadau oedd yn ymagor yr ochr draw i'r Iwerydd, ac yn 1886 ymfudodd i'r Unol Daleithiau. Ymsefydlodd i ddechrau yn Scranton, Pennsylvania, lle roedd cymuned Gymreig gref, a bwriodd ei hun i ganol y gweithgarwch cerddorol yno. Cafodd wersi cerddorol a chyfansoddi gan Edward Macdowell a Dudley Buck a

Daniel Protheroe

graddio'n Mus.Bac. ym Mhrifysgol Toronto a derbyn Doethuriaeth mewn cerddoriaeth gan Brifysgol Talaith Efrog Newydd yn ddiweddarach. Ef mae'n debyg oedd y cyntaf yn Scranton i arwain perfformiad cyfan o oratorio i gyfeiliant cerddorfa lawn. Yno hefyd y priododd yn 1892 â Hannah Harris, yn wreiddiol o

Un o gardiau carolau Daniel Protheroe

Y teulu, gyda Dan wrth y piano.
Helen (merch), Anne (merch), Dan a Joseph yr ŵyrion (meibion Helen), tua 1928 ar ôl i wraig Dan farw.

Dredegar, a chawsant ddwy ferch a mab.

Symudodd yn 1894 i Milwaukee yn nhalaith Wisconsin i fod yn gyfarwyddwr cerdd eglwys Fedyddiedig ac arwain nifer o gorau yno cyn symud eto yn 1908 i Chicago i fod yn gyfarwyddwr cerdd yn y Central Church lle roedd F. W. Gunsaulus yn weinidog. Yn Chicago bu hefyd yn dysgu cerddoriaeth mewn colegau. Golygodd lyfr emynau, *Mawl a Chân*, i Fethodistiaid Calfinaidd Gogledd America yn 1918. Arweiniai nifer o gorau: yn 1926 sefydlodd gôr meibion Cymreig, ac yn 1933 ef oedd yn arwain y côr mawr ar ddiwrnod Cymreig Ffair y Byd. Bu farw yn Chicago ar 25 Chwefror, 1934.

Er iddo dreulio'r rhan helaethaf o'i oes yn yr Unol Daleithiau, nid anghofiodd ei Gymraeg, a dychwelai i Gymru'n gyson i feirniadu mewn eisteddfodau ac i arwain gwyliau cerdd a chymanfaoedd canu. Oherwydd hynny gwelwyd ei golli yng Nghymru lawn cymaint ag yng Ngogledd America pan fu farw. Gŵr rhadlon a heulog ei bersonoliaeth oedd Protheroe: dyna'r darlun a ddiogelwyd ohono yng nghartŵn Illingworth yng nghylchgrawn *Y Cerddor Newydd* yn 1922; a dyna'r argraff a greir hefyd o ddarllen ei atgofion difyr, *Nodau Damweiniol a d'rawyd o dro i dro* (1924).

Cyfansoddodd yn doreithiog iawn ar hyd y blynyddoedd, a cheir llawer o'i waith cyhoeddedig yn Llyfrgell y Gyngres yn Washington nas cyhoeddwyd o gwbl yng Nghymru. Mae cynulleidfaoedd a chorau Cymru yn dal i gael blas ar ei emyn-donau, ei ranganau, ei ganeuon i blant, ac yn

Dau gyfaill, oedd hefyd yn ddau ganwr, o Ystradgynlais. Cyfansoddodd Dan ganeuon iddynt eu canu ac ymfudo i Amercia fu hanes y ddau – Dan (yn sefyll) a Samuel Griffiths, Pensylvania.

Plant Dan a'u cefndryd a'u cyfnitherod – i'r genhedlaeth hon y cyfansoddodd Dan y carolau.

arbennig ei gytganau grymus i gorau meibion. Gobeithio y cânt flas newydd ar rai o'i garolau plant yn sgil cyhoeddi'r casgliad hwn.

Rhidian Griffiths